보스처럼
생각하기

보스처럼 생각하기

1판 1쇄 인쇄 2023년 8월 21일
1판 1쇄 발행 2023년 8월 21일

지은이 라슈미 시르데슈판드
일러스트 애덤 헤이즈
옮긴이 이하영
발행인 도영
디자인 씨오디
편집 및 교정 교열 하서린, 김미숙
발행처 솔빛길 **등록** 2012-000052
주소 서울시 마포구 동교로 142, 5층 (서교동)
전화 02) 909-5517
팩스 02) 6013-9348, 0505) 300-9348
이메일 anemone70@hanmail.net

copyright ⓒ Rashmi Sirdeshpande
illust ⓒ Adam Hayes

ISBN 978-89-98120-93-1 03320

* 책값은 뒤표지에 있습니다.

보스처럼 생각하기

멋진 아이디어를 돈으로 바꾸는 기술 발견하기

지은이 · 라슈미 시르데슈판드

일러스트 · 애덤 헤이즈

옮긴이 · 이하영

솔빛길

차 례

들어가는 말

거물

발명가

보스

이런 단어를 보면 누가 떠오르나요?
애플의 공동 설립자인 스티브 잡스와 스티브
워즈니악? 전기 차와 우주선을 만드는 일론 머스크?
아니면 토크 쇼 진행자이자 텔레비전 프로듀서인
오프라 윈프리는 어떤가요? 어쩌면 여러분 주변에 있는
누군가를 떠올리는 사람도 있을 거예요.
동네 슈퍼마켓, 서점, 헬스장을 운영하는
사장님 같은 사람들 말이죠. 그런데
있잖아요. 혹시 여러분이 직접 보스가
되는 걸 상상해 본 적은 없나요?
네, 지금 이 글을 읽고 있는
여러분 말이에요!

사업가

혁신가

실업가

'어른이 되어야만 돈을 벌 수 있어!', '사업은 엄청 복잡한 일 같아!', '엄청나게 똑똑한 사람만이 발명가가 될 수 있을 거야!' 같은 생각을 해 본 적 있나요? 그렇다면, 여러분에게 비밀을 알려 줄게요.

사실은 누구나 보스가 될 수 있어요.
그리고 보스가 되는 것은 생각보다 훨씬 쉽답니다.

우리가 집이나 학교에서 흔히 쓰는 물건을 몇 가지 떠올려 볼게요.

* 풀

* 음식물을 신선하게 보존하기 위한 깡통이나 용기

* 비누, 샴푸, 치약

* 전구

* 전화기

* 변기!

이런 다양한 발명품을 누가 처음 만들었을지 상상해 보세요. 이들 발명가는 이미 있는 물건을 더 좋게 만들거나, 우연히 발견한 것을 쓸모 있는 물건으로 탈바꿈시키는 데 성공한 사람들이에요.

예를 들어, 스위스인 엔지니어 조르주 드 메스트랄은 알프스산맥을 등반하던 중 꺼끌꺼끌한 우엉 씨앗이 자꾸 바지와 개털에 달라붙는 것을 보고 벨크로(일명, 찍찍이)라는 아이디어를 떠올렸죠. 훗날, 벨크로는 우주 비행사들이 음식이나 장비를 고정하는 데도 쓰게 되었어요!

어떤 발명품은 사람들의 삶을 송두리째 바꿔놓기도 해요. '브라유 점자법'이라고 들어 본 적 있나요? 1824년 당시 열다섯 살에 불과하던 루이 브라유가 고안해 낸 기발한 문자 체계랍니다. 브라유 점자법은 오돌토돌하게 솟아 있는 점을 이용해, 루이 자신처럼 시각 장애가 있는 사람들이 글을 읽고 쓸 수 있게 해 줬어요.

비교적 최근에는 기탄잘리 라오라는 여자 어린이가 오염된 식수를 가려내는 저렴한 값의 장치를 개발하기도 했답니다. 기탄잘리는 열한 살에 처음 이 장치를 개발할 생각을 했대요. 맞아요. 고작 열한 살이었을 때요!

루이 브라유나 기탄잘리 라오 같은 어린 발명가들에게는 중요한 공통점이 있어요. 살면서 어떤 문제를 발견했고, 거기에 대한 **해결책**을 스스로 찾겠다고 결심했으며, 훌륭한 아이디어를 현실로 만들었다는 점이에요. 즉, 기업가의 사고방식을 가지고 있었던 거죠.

'기업가'란 아이디어나 발명품을 가지고 사업을 시작하는 사람을 말해요. 장애물에 맞닥뜨렸을 때, 훌륭한 기업가는 창의적 사고를 통해 남들은 놓칠 만한 것들을 알아채고는 한답니다.

기회를 발견하고
문제를 해결하는 것.
그게 바로
기업가 정신이에요.

보스처럼 생각하기

"사람들은 대부분 고개를 똑바로 든 채로 세상을 바라봐요. 하지만 고개를 옆으로 기울이면 다른 세상이 보일 거예요. 그리고 이런 질문을 던져 보는 거죠. '내 눈앞의 이 머그잔이 사실 화분이라면 어떨까?' 그게 창의력이에요. 부디 언제나 고개를 기울인 채 세상을 보도록 하세요. 그게 제가 드리고 싶은 조언이에요."

– 드루파드 카르와, 시 쓰기 애플리케이션 하이쿠잼(HaikuJam) 설립자

사람들이 사업을 시작하는 이유는 뭘까요?

- 💰 **돈**을 벌기 위해서
- 💰 남 아래에서 일하기보다 스스로 **보스**가 되기 위해서
- 💰 **창의력**을 발휘해 새로운 물건을 만들고, 있는 물건을 더 좋게 만들고, 문제의 해결책을 찾기 위해서
- 💰 자신의 능력을 발휘해 **좋아하는 일**을 하기 위해서
- 💰 세상에 **좋은 일**을 하기 위해서

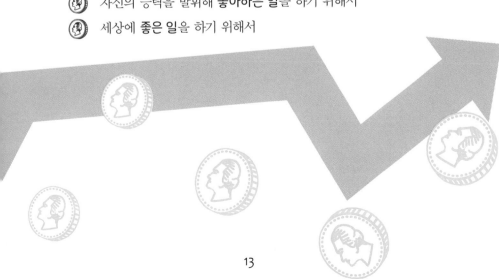

모두가 딱 한 가지 이유로 사업을 시작하는 건 아니랍니다. 위에서 말한 이유 중 여러 가지가 합쳐져서 사업을 시작하는 사람도 있거든요. 여러분이 보기엔 어떤가요? 여러분도 사업을 시작할 만한 이유가 눈에 띄나요?

어른이 되어야만 멋진 일을 할 수 있는 건 절대 아니에요. 이 책을 펼친 여러분은 지금 당장이라도 보스가 될 수 있어요. 창의력을 발휘하거나 좋아하는 일을 하는 건 물론이고, 그 과정에서 사회에 긍정적 변화를 불러올 수도 있을 거예요. 어쩌면 돈을 벌 수 있을지도 모르죠!

 하지만 가장 중요한 건 돈도, 사업을 시작하는 것도 아니에요. 왜냐하면 중요한건 바로…

언제 어디서 무엇을 하든 여러분은 기업가처럼 생각할 수 있고, **매일매일 보스**가 될 수 있다는 거예요. 매일매일 보스가 된다는 건, 남들 앞에서 어깨를 으쓱대며 잘난 체하는 것과는 달라요.

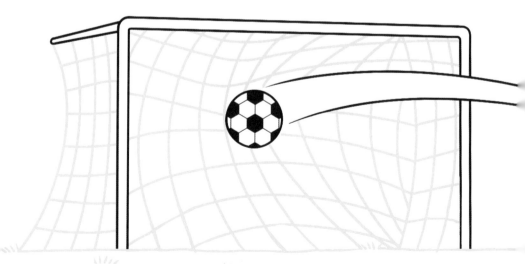

매일매일 보스란, 언제나 보스의 마음가짐으로 살아가는 것을 뜻해요. 매일매일 보스는 상상력이 풍부하고, 자신감이 넘치며, 맞닥뜨리는 문제를 창의적으로 해결할 줄 알아요. 매일매일 보스는 돈이 무엇인지 이해하고 영리하게 쓰는 법(그리고 모으는 법!)을 알아요. 매일매일 보스로 살아간다는 건, 실패를 두려워하지 않고 새로운 시도를 할 용기를 내는 것을 의미해요.

어쩌다 이 책을 펼치긴 했는데, 나한테는 그럴듯한 사업 아이디어가 없다고요? 그런데 이 모든 게 무슨 소용이냐고요? 이 책은 그런 사람에게도 쓸모가 있어요. 보스의 마음가짐은 우리의 삶을 이루는 모든 부분에 적용할 수 있기 때문이에요. 공부할 때든, 운동할 때든, 세상에 좋은 일을 하는 방법을 찾아 나설 때든 말이죠. 보스의 마음가짐을 갖춘다면, 여러분은 어떤 문제에 맞닥뜨리더라도 침착하고 당당하게 해결책을 고민하고 떠올릴 수 있을 거예요. 즐거운 마음으로요!

이 책에서는 가장 먼저 '돈'에 관해 간단히 소개할 거예요. 보스라면 누구나 잘 이해해야 하는 주제이니까요. 그런 다음에는 끝내주는 가상의 사업 아이디어를 떠올려 볼 거예요. 작고 신중한 아이디어든, 크고 대담한 아이디어든, 여러분 마음 가는 대로요! 그리고 나서 이 가상의 기업이 실제로 돈을 벌 방법을 궁리해 볼게요. 중간중간에 훌륭한 기업가들의 조언을 들어 볼 거고, 성공하려면 꼭 필요한 물약과 주문이 들어 있는 '마법 가방'을 집어 들 거예요. 그리고 마지막으로, 진정한 보스들이 보스의 힘을 발휘해 어떻게 세상에 좋은 일을 하는지도 알아봐야겠죠?

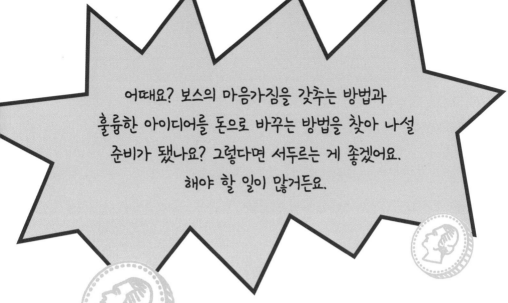

어때요? 보스의 마음가짐을 갖추는 방법과
훌륭한 아이디어를 돈으로 바꾸는 방법을 찾아 나설
준비가 됐나요? 그렇다면 서두르는 게 좋겠어요.
해야 할 일이 많거든요.

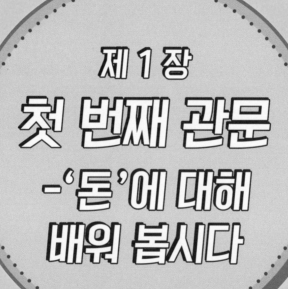

제 1 장
첫 번째 관문
-'돈'에 대해
배워 봅시다

진정한 보스에게 제일 중요한 건 돈이 아니라고 했던 것, 기억하나요? 사실은 말이죠, 돈은 꽤 중요해요. 여러분이 미래에 재계의 거물이 될 생각이라면 돈에 관해 잘 알아야 하니까요. 음, 아니에요. 취소할게요. 여러분이 나중에 뭘 하고 싶든 **상관없이**, 돈에 관해 잘 알아야 해요. 음식과 옷과 집을 구하기 위해서는 돈이 필요하기 때문이죠. 그게 동전과 지폐든, 은행 카드나 은행 계좌 속 돈이든 상관없이 말이에요. 또 꼭 필요하지는 않아도 그냥 가지고 싶은 물건이 생길 때도 있잖아요? 그럴 때도 돈이 필요해요. 지금은 다른 사람이 여러분 대신 돈을 관리해 주고 있겠지만, 언젠가는 이 모든 게 여러분의 책임이 될 거예요. 그러니 미리 기본기를 갖춰 두는 게 좋겠죠!

지금 당장은 가진 돈이 거의 없는 사람도 있을 거예요. 그래도 괜찮아요. 당장 주머니에 돈이 없어도, 얼마든지 보스의 마음가짐을 가지고 사업가로서 빛날 수 있답니다. 훌륭한 사업가는 지금 손에 쥔 게 적다는 사실에 굴하지 않아요. 이런 사람들은 적은 것을 가지고도 일을 잘해내는 재주가 있답니다. 이 부분에 대해서는 제4장에서 다시 이야기해 볼게요.

진정한 보스는 당장 손에 쥔 것을 가지고 조금씩 앞으로 나아가요

그게 바로 오마리 매퀸의 방식이에요. 오마리의 아버지는 두 아들에게 요리하는 법을 가르쳤어요. 어머니가 편찮으실 때 형제가 집안일에 도움이 되기를 바랐거든요. 그중 오마리에게, 요리는 열정이 되었답니다. 오마리는 열두 살이 되던 해 비건 소스 회사를 차렸어요. 채식주의자를 위한 카리브 요리 팝업 레스토랑을 시작하고, 직접 쓴 요리책을 출판하기도 했죠. 그리고 오늘날 어린이용 TV 채널 CBBC에서 비건 요리 방송을 맡고 있답니다. 정말 대단하지 않나요?

지금은 이런 멋진 일을 해내고 있는 오마리도 시작은 작은 부엌과 집에 있는 식재료가 전부였어요. 오마리 말고도, 많은 사업가가 비슷하게 작은 것부터 시작했답니다. 누구나 시작점은 있는 법이잖아요? 여러분의 시작점이 어디든, 그리고 무엇을 하든지 간에, 언젠가 돈을 다뤄야 하는 날이 올 거예요. 그러니 사업에 시동을 걸기 전에, 먼저 돈에 관해 배워 보도록 해요.

돈에 관해 알아야 할 다섯 가지

1 돈을 존중하고, 아끼세요

돈의 귀중함과 돈이 가진 힘을 마음에 새겨 둔 사람만이 현명한 선택을 할 수 있어요. 너무 당연한 소리 아니냐고요? 좋아요. 바로 다음 법칙으로 넘어가 볼게요.

2 · 돈을 현명하게 쓰세요

돈을 손에 쥔 순간, 당장 어딘가에 써 버리고 싶은 유혹이 느껴질 거예요. 참으세요. 용돈을 받았나요? 잠시 하려던 것을 멈추고, 이 돈을 어디에 어떻게 쓸 건지 고민하세요.

사실 필요 없는 물건이 꼭 필요하다거나, 그다지 저렴하지 않은데도 저렴하다고 착각하게 만드는 광고를 조심하세요. 진정한 보스는 그런 교묘한 속임수에 속아 넘어가지 않아요. 진정한 보스는 '필요한 것'과 '원하는 것'의 차이를 잘 안답니다.

3 돈을 영리하게 모으세요

돈이 생기면, 그중 일부를 따로 모아 두는 습관을 들이세요. 이렇게 모아 두는 돈은 '비상금'이라고도 해요. 꼭 비상시가 아니더라도, 돈을 모아야 하는 이유는 여러 가지가 있어요. 줄곧 갖고 싶었던 운동화를 산다든가요! 돈을 모으려면 참을성이 있어야 하지만, 그럴 가치가 있는 일이랍니다. 정말 많은 어른이 더 일찍 돈을 모으는 습관을 길렀어야 한다고 후회해요. 여러분이 지금 저축 습관을 기르는 것은, 달리기 경주에서 남들보다 빨리 출발할 기회를 얻는 것과 같아요.

4 돈이 있다면, 나누세요

세상에는 해결해야 할 문제가 참 많아요. 모두가 같은 출발선에서 시작하지도 않고, 모두에게 공평한 기회가 주어지지도 않아요. 누구든 자신이 처한 상황이 갑자기 나빠질 수도 있고요. 사람도 그렇지만, 모두의 보금자리인 지구 역시 돌봄과 도움의 손길이 필요해요. 그러니 언젠가 여유가 생긴다면, 가진 돈을 남들과 나누고, 스스로 중요하다고 생각하는 문제에 쓰는 것을 고려해 보세요. 적은 돈이어도 괜찮아요.

5 돈은 중요하지만 돈이 삶의 전부는 아니에요

음식과 옷과 집, 더해서 내가 원하는 것 한두 가지(혹은 여러 가지!)를 얻으려면 돈이 있어야 해요. 하지만 기본적인 필요가 충족되고 나면, 우리 인생에서 가장 소중한 것들은 돈이 없어도 누릴 수 있답니다. 너무 뻔한 이야기라고요? 그렇지만 사실인걸요!

가족

우정

행복한 기억

자연

웃음

성공한 사업가는 언제나 이런 것들을 마음에 담아 둔답니다. 성공한 사업가는 돈을 존중해요. 성공한 사업가는 돈을 쓸 때는 현명하게 쓰고, 모을 때는 영리하게 모아요. 그리고 진정한 보스라면 마땅히 가진 것을 나눌 줄도 알아야겠죠! 진정한 보스는 돈을 잘 다루면서도, 인생은 절대로 돈이 전부가 아니라는 것 역시 알아요.

자, 이제 여러분도 돈에 관한 기초 지식을 갖췄을 거예요. **그럼 본격적으로 시동을 걸어 볼까요?**

제 2 장
가상의 기업
- 아이디어
떠올리기

무엇이든 원하는 사업을 시작할 수 있다면, 어떤 사업을 하고 싶은지 생각해 본 적 있나요? 한 번도 그런 적이 없다면, 이 기회를 활용해 보도록 하죠. 바로 **가상의 기업** 놀이예요. 이 책을 읽는 동안, 나만의 사업 아이디어를 떠올려 보세요. 엉뚱한 아이디어도, 현실적인 아이디어도 좋아요. '나는 사업 아이디어 같은 거 없는데?' 같은 생각이 든다고요? 그래도 괜찮아요! 지금부터 설명하는 단계를 차근차근 밟아 가며, 여러분의 뇌가 마음껏 창의력을 발휘하게 놓아두면 돼요. 그런데도 아무런 사업 아이디어가 떠오르지 않는다고요? 걱정하지 마세요! 여러분이 나중에 무엇을 하든 성공의 발판이 되어 줄 비법이 이 책에 있어요. 그리고 앞으로 이 책에 등장할 현실의 보스 중 누군가가 여러분에게 영감을 줄 수도 있어요.

1단계 : 해결할 문제를 찾아보세요

아무리 멋진 아이디어를 떠올리더라도, 내가 팔고 싶은 것을 사려는 사람이 없다면 아무 소용이 없겠죠. 그러니 **아이디어** 대신 **문제**를 떠올리도록 해 보세요.

여덟 살 난 캘럼 대니얼은 로봇 제작과 코딩을 배우고 싶었어요. 하지만 어린이를 위한 로봇 공학 수업을 찾을 수가 없었대요. 그래서 캘럼은 아이코드로보츠(iCodeRobots)라는 회사를 만들어 6~12세 어린이에게 로봇 제작과 코딩을 직접 가르치기 시작했답니다.

열한 살 난 릴리 본이 음료수 흘림 방지 '캥거루 컵'을 발명했어요. 릴리가 처음부터 '나는 멋있는 컵을 설계하겠어!'라고 다짐하며 시작한 것은 아니었어요. 릴리의 할아버지는 파킨슨병을 앓았는데, 손이 떨려서 컵을 쥘 때마다 음료수를 흘리셨다고 해요. 할아버지를 도울 방법을 고민하던 중 '다리가 세 개 달려서 음료수 흘림을 방지하는 컵'이라는 아이디어를 떠올리게 된 거죠.

자, 이제 여러분도 생각해 보세요. 사람들에게 '필요한 것'은 뭘까? 사람들이 '원하는 것'은 뭘까? 사람들의 삶에 진정으로 변화를 불러올 수 있는 건 뭘까? 이 물음에 관한 답을 찾을 수 있다면, 여러분도 근사한 사업 아이디어를 떠올릴 수 있을 거예요.

여러분의 이상적인 고객은 누구인가요?

지금까지 상상한 기업의 고객층이 누구일지 잠시 생각해 보세요. 몇 살인가요? 취미나 습관은요? 이 사람들은 어떤 문제가 중요하다고 생각하나요? 주변 사람들에게 인터뷰를 요청할 수는 없을까요? 여러분의 아이디어를 실험해 볼 만한 대상은요?

보스처럼 생각하기

"내가 좋아하는 것과 사람들이 겪는 문제에 대한 해결책을 합칠 수 있나요? 그렇다면 여러분의 기업가로서의 여정은 즐겁고, 보람차고, 성공적일 거예요!"

– 메이 파크, 향기 나는 사탕 모양 액세서리 기업 타이니 핸즈 (Tiny Hands)의 창업자

2단계: 경쟁 상대를 파악하세요

이제 **염탐**, 아니 조사를 할 시간이에요. 여러분이 떠올린 문제의 해결책을 이미 판매하고 있는 기업이 있나요? 자동차 세차부터 파티 계획까지, 분야는 무엇이든 상관없어요. 이미 존재하는 해결책은 얼마나 효과적인가요? 비슷한 일을 하는 다른 기업이 있나요?

다른 기업이 잘해 내고 있는 것은 무엇인가요?

이들이 **놓친** 부분은 없을까요?

알아낸 것을 메모하세요. 메모는 **많으면 많을수록** 좋아요!

3단계 : 해결책을 떠올리세요

이제 나만의 아이디어를 떠올릴 시간이에요. 예를 들어, 여러분이 조사를 하다가 어떤 사람들은 선물 포장하는 걸 싫어한다는 걸 알게 되었다고 가정해 봐요(저는 개인적으로 포장지와 테이프를 다루는 게 너무 힘들어요!). 그런데 마침 여러분이 사는 지역에 선물 포장 기업이 없다고 하네요. 직접 시작해 볼 기회이겠지요?

아홉 살 난 알리나 모스의 이야기를 들어 보세요. 알리나는 무설탕 과일맛 사탕 회사를 차렸는데, 딱 한 가지 문제를 해결하기 위해서였어요. 알리나는 막대 사탕을 굉장히 좋아했는데, 보통 가게에서 파는 사탕은 치아 건강에 안 좋다는 게 문제였죠. 그래서 아빠와 함께 '졸리팝'이라는 이름의 충치를 예방하는 막대 사탕을 발명했답니다.

34

자, 그럼 이제 여러분이 떠올린 가상의 기업으로 돌아가 볼게요. 경쟁 상대에 관한 조사를 마쳤다면, 다음과 같은 질문을 던져 보세요.

"다른 사람과는 **다르게** 할 수 없을까?"
"다른 사람보다 **더 낫게** 할 수 없을까?"

예를 들어, 여러분이 떠올린 상품을 조금 더

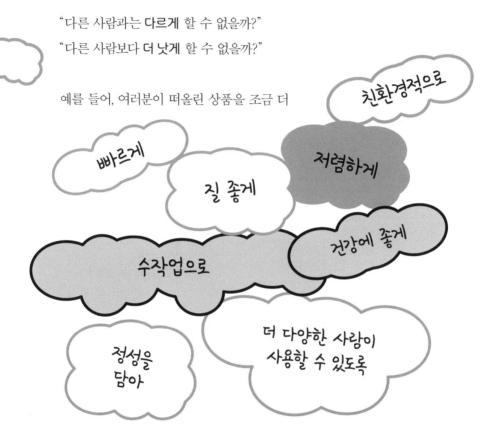

만들 수는 없을까요?

어떤 문제에 맞닥뜨렸을 때 자신에게 이런저런 질문을 던져 보는 것이 좋아요. 그러면 같은 문제도 다양한 시각으로 관찰할 수 있거든요. 그리고 남들은 어떻게 하는지 배워 나가면, 언젠가 여러분 머릿속에서도 흥미로운 아이디어가 떠오를 거예요.

4단계: 테스트하고, 피드백을 받고, 고치고, *반복하세요*

이 단계는 꼬리에 꼬리를 무는 고리 모양을 하고 있어요. 온 가족이 핸드폰이나 컴퓨터, 텔레비전 없이 화목한 시간을 보낼 수 있도록 해 주는 보드게임을 만들어 파는 상황을 생각해 볼게요. 제일 먼저, 고객들에게 팔 완성품보다 값이 저렴하고 모양이 단순한 테스트용 '견본' 보드게임을 만들어야 해요. 사람들에게 견본을 보여 주고 이런저런 피드백을 받은 다음, 필요한 부분을 고치고 나서 다시 한번 테스트해요. 이 과정을 한 바퀴 반복할 때마다, 상품의 질은 그만큼 나아지겠죠?

피드백은 상품 개발이 아닌 분야에서도 실력을 쌓는 데 도움이 된답니다. 그림, 코딩, 사진, 춤, 무엇이든지 간에요! 친구나 같이 사는 어른, 학교 선생님에게 피드백을 받을 수는 없을까요? 누구든 그 분야를 잘 아는 사람이면 돼요! 피드백을 겸손히 받아들이는 게 쉽지만은 않아요(더 노력이 필요하다는 피드백이라면 특히 그렇죠.). 하지만 진정한 보스라면 어떤 분야에서 최고가 되기 위해서는 피드백이 꼭 필요하다는 사실을 안답니다.

5단계: 이제 장사를 할 시간이에요!

상상의 나래 속에서 발명한 상품이나 서비스를 어디에서 어떻게 판매할지 생각해 보세요. 예를 들어 오니니에 이우, 나텔 퀘크, 크리스 몰드 같은 예술가는 인터넷으로 작품을 판매해요. 여러분이 고객을 찾을 수 있는 가장 좋은 곳이 어디일까요? 여러분의 상품을 살 만한 사람들은 어디에서 시간을 보내고, 어디에서 물건을 사나요? 인터넷 쇼핑몰에서? 길거리 가판대에서? 어떤 곳은 물건을 팔기 전에 미리 허가를 받아야 해요. 만약 그렇다면 어른의 도움이 필요해요. 부모님, 선생님, 나이 많은 형제에게 도움을 요청할 수는 없을지 생각해 보세요.

여러분의 사업이 과연 어떤 사업인지 누군가에게 설명해야 할 때도 올 거예요. 그럴 때는 흥미로운 이야기를 들려주는 게 아주아주 중요해요. 사람들이 자세를 고쳐 앉아 귀를 기울이게 만드는 이야기 말이에요. 여러분의 이야기는 어떤 느낌인가요? 흥미진진한가요? 믿음과 신뢰를 주나요? 어쩌면 아기자기하고 귀여운 이야기일 수도 있겠죠. 여러분의 사업을 표현할 때 어떤 단어, 어떤 색깔을 사용할지 생각해 보세요. 그런 게 전부 여러분 '이야기'의 일부이기 때문이에요.

내친김에 한 기업의 '이야기'를 이루는 요소를 몇 가지 떠올려 보죠! 빈 종이를 꺼내 볼까요?

1 기업 이름

기억에 남고, 멋지고, 귀에 쏙 들어오고, 알맞은 이름을 만들어 보세요. 다음 기업들처럼 말이죠!

나이키(NIKE) – 고대 그리스 신화에 등장하는 승리의 여신의 이름이에요.
구글(GOOGLE) – '구골(googol)'이라는
  어마어마하게 큰 수(1 다음에 0이 100개 붙어
  요!)에서 따왔어요.
레고(LEGO) – 덴마크어 표현 '레그 고트(leg godt)'에
  서 따왔어요('잘 놀기'라는 뜻이에요!).

실은 실수로 철자를 틀리게 쓴 데서 비롯되었다는 사실!

2 로고

로고란, 기업을 대표하는 상징이에요. 나이키의 날렵한 부메랑이나 맥도날드의 'M' 자처럼요. 로고를 만들 때는 단어, 글자, 모양, 그림을 쓸 수 있는데, 어떨 때는 그중 몇 가지를 동시에 쓰기도 한답니다. 몇 가지 로고 아이디어를 떠올려 보세요. 그중 딱 기억에 남는 아이디어가 있나요? 가상의 기업 로고를 디자인해 보세요. 상상의 나래를 펼치되, 로고는 단순해야 한다는 사실을 잊지 마세요. 열심히 그려 놓았는데 아무도 기억하지 못하는 로고는 쓸모가 없겠죠?

3 엘리베이터 피치

엘리베이터에 같이 탄 사람이 여러분의 사업 아이디어와 상품에 관심을 보인다고 상상해 보세요. 엘리베이터가 목적지에 도착할 때까지 30초가 남았어요. 여러분이라면 어떻게 하겠어요? 이야기를 어떤 방식으로 풀어낼 건가요? 엘리베이터에 같이 탄 사람, 즉 미래의 고객이 "우아, 그 아이디어 엄청나게 기대되는데요!"라고 말하게 하는 게 목표예요. 이게 바로 '엘리베이터 피치elevator pitch'예요. 훌륭한 아이디어를 짧게, 그리고 멋있게 요약하는 기술이죠.

6단계: 성장할 때예요!

회사가 잘 굴러가고 있나요? 그렇다면 이제 사업을 무럭무럭 키울 차례이군요. 쿠키를 만들어 파는 기업이 있다고 생각해 볼게요. 처음에는 초콜릿 칩 쿠키만 팔던 기업이 나중에는 다른 맛 쿠키를 다양하게 팔게 된다면,

그 회사는 성장했다고 볼 수 있어요. 아예 쿠키가 아닌 새로운 분야로 사업을 확장할 수도 있겠죠. 성장을 거듭하다 보면, 언젠가 전 세계 사람들이 여러분의 쿠키에 푹 빠져들지도 몰라요. 그러니 고민해 보세요. 여러분 상상 속 기업은 과연 어떤 일을 해낼 수 있을까요?

이 시점에서 마지막으로 언급할 것은 바로 '전환'이에요. '전환'이란, 나아가던 방향을 바꾸는 것을 뜻해요. 현실의 많은 기업은 사업을 운영하다가도 도중에 방향을 바꾼답니다. '전환'은 작을 수도 있고, 클 수도 있어요. 우편을 이용한 DVD 대여로 시작해, 유튜브의 인기에 영감을 받아 온라인 스트리밍을 시작한 넷플릭스는 작은 전환의 사례예요. 반면 쿠톨(Kutol)이라는 이름의 벽지 청소용품 회사가 찰흙 장난감 회사인 플레이-도(Play-Doh)가 된 것은 큰 전환의 예라고 볼 수 있어요. 닌텐도 역시 카드 게임, 라면, 청소기 같은 온갖 상품을 팔다가 마침내 오늘날의 게임 대기업이 되었고요!

원하는 만큼 성공하기까지 시간이 오래 걸릴 수도 있어요. 그래도 괜찮아요. 상황은 언제든 바뀔 수 있고, 기업은 거기에 발맞춰 진화해야 한다는 사실을 기억하세요.

보스처럼 생각하기

"우여곡절을 헤쳐 나가게 해 주는 연료, 그게 바로 열정이에요."

– 케이트 젱킨스, 고워 코티지 브라우니스(Gower Cottage Brownies) 설립자

적응력이 사업가에게 아주 중요한 능력인 이유예요. 사실 사업가가 아니더라도, **누구나** 새로운 상황과 요구 사항에 적응할 수 있어야 해요. 이 책이 완성되기까지 제가 글을 몇 번이나 고쳐 썼게요? 알면 여러분도 분명 놀랄걸요? 누구나 거의 완성된 그림을 처음부터 다시 그려야 했던 경험이 있을 거예요. 때때로, 최선을 다했는데도 원하는 결과가 나오지 않기도 해요. 이사나 전학처럼 삶에 예기치 못한 변화가 닥칠 수도 있죠. 한순간에 모든 것이 새롭게, 또 무섭게 느껴질 수도 있을 거예요. 그럴 수도 있어요. 그래도 괜찮아요. 그래도 계속 앞으로 나아가세요. 그리고 다른 사람의 도움이 필요하다면, 요청하세요! 도움을 받는 것도 능력이랍니다.

어때요? 여섯 단계를 잘 거쳐 왔나요? 그럴듯한 가상의 기업 아이디어
는 떠올랐고요? 완성된 아이디어가 아니어도 괜찮아요.

좋았어요! 이제 여러분의 아이디어를 돈으로 바꾸는 방법을 알아볼
게요.

제 3 장
아이디어를
돈으로 바꾸는
방법

여러분은 이제 돈에 관한 기초 지식과 가상의 기업 아이디어를 갖췄어요! 드디어 이 둘을 합쳐서 아이디어를 **돈**으로 바꿀 궁리를 할 때가 왔군요. 보스라면 누구나 알아야 하는, 돈에 관한 아주 중요한 비밀을 알려 드릴게요. 지금 당장 큰 사업 계획이 없어도, 언젠가 이 비밀이 쓸모 있게 느껴지는 날이 올 거예요. 지금부터 알려 드릴 것은 언뜻 보기에 단순하지만, 어른들도 잘 이해하지 못하는 경우가 많아요! 그러니 집중하세요.

돈 벌기

기업의 **이익**이란 여러분이 '진짜로' 번 돈을 말해요. 어떤 기업이 1억 원을 벌어들여도, 비용이 2억이라면 이익이 없어요. 오히려 **손실**을 보게 돼요.

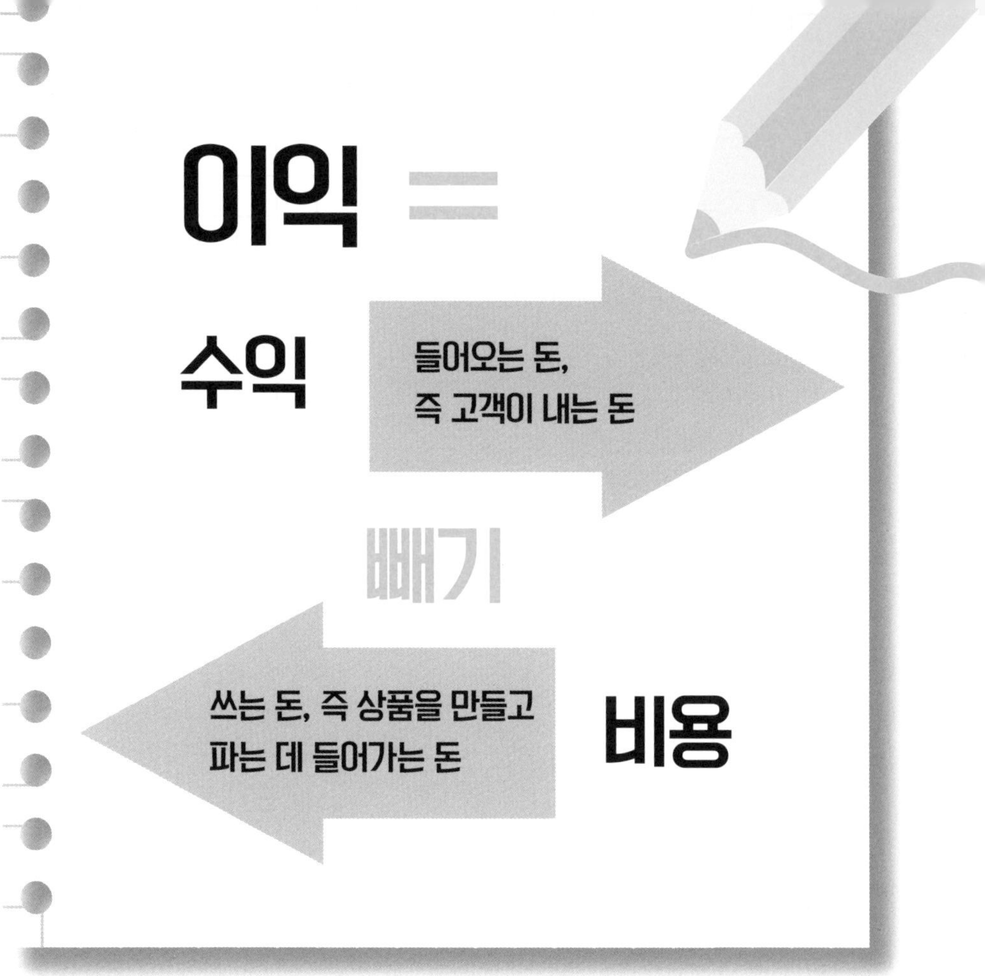

이익 =

수익

들어오는 돈,
즉 고객이 내는 돈

빼기

쓰는 돈, 즉 상품을 만들고
파는 데 들어가는 돈

비용

이 간단한 계산을 하려면 세 가지 재료가 필요해요.

1 내가 정한 가격

2 판매한 상품의 수량

3 비용

직접 만든 200원짜리 엽서를 50장 팔았다면, 1만 원의 수익이 생겨요. 100장을 판다면 2만 원이 되죠. 엽서 하나를 만드는 데 필요한 재료를 50원에 샀다면, 카드 한 장에 150원의 이익이 나는군요. 100장을 팔았다고요? 그러면 은행 계좌에는 1만 5,000원의 이익이 남아요!

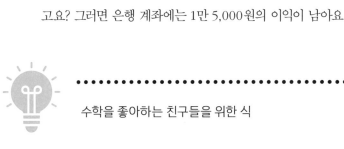

수학을 좋아하는 친구들을 위한 식

$$\frac{\text{엽서 한 장당 150원의 이익}}{\text{엽서 한 장당 200원의 수익}} = 75\%\text{의 이익률}$$

우아~~~!

땡그랑

그러니 상품에 **가격**을 매길 때는 비용을 고려해야겠죠! 그렇지만 뭐든 지나치면 안 돼요. 사람들이 기꺼이 낼 만한(그리고 낼 수 있는) 가격이어야 해요. 재료비로 10원이 들어가는 컵케이크를 100만 원에 팔면, 분명 이익률은 어마어마할 거예요. 그렇지만… 그게 팔릴 리가 없잖아요!

1,000,000원

땡그랑

은행

49

생각해 보세요. 여러분의 상상 속 기업을 시작하려면 돈이 얼마나 드나요? 직접 모을 수 있는 금액인가요? 어른에게 돈을 빌릴 수는 없을까요? 여러분이 만약 슬라임 회사를 차린다면, 새 슬라임을 만들 때마다 재료로 풀이 필요하겠지만 매번 새로운 깔개나 그릇이 필요하지는 않을 거예요. 깔개나 그릇은 한 번으로 끝나는 '일회성 비용'이에요. 상품을 팔 때마다 깔개와 그릇 구매 비용을 조금씩 돌려받을 수 있는 거죠.

이런 부분은 꼭 사업을 시작하지 않더라도 고민해 볼 필요가 있어요. 예를 들어, 자선 단체에 기부할 돈을 모으기 위해 집에서 구운 쿠키와 케이크를 판다고 생각해 보세요. 일단 재료 구매 비용을 계산하고, 가격을 어떻게 매길 것인지, 케이크와 쿠키를 몇 조각이나 팔아야 목표한 만큼의 돈을 벌 수 있을지 계산해야 해요.

이제 이익, 수익, 비용의 기초를 배웠어요.
이제 제대로 된 계획, 예산이 등장할 차례예요.

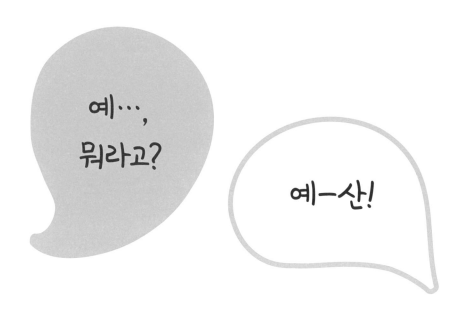

예산 = 돈을 어떻게 쓸 것인지에 관한 계획

매달 **수익**(들어오는 돈)과 **비용**(나가는 돈)을 나열하세요. 목표는 **나가는 돈보다 들어오는 돈**이 더 많아지게 하는 거예요!

가장 먼저, **계획**을 세워야 해요. 그런 다음에는 실제로 일어난 일을 기록하고, 미리 정해 둔 계획과 비교해 봐야죠! 예를 들어, 1장당 200원짜리 엽서를 10장 팔 계획이었다면 여러분은 **수익**으로 2,000원을 예상했을 거예요. 비용은 엽서 한 장당 50원이니까 총 500원이군요. 그런데 지역 신문에 여러분의 엽서 소식이 실려서, 실제로는 50장을 팔았다고 생각해 보세요! 있는 그대로 기록한 다음, 결과를 비교해 보세요. 스스로 자랑스럽지 않나요?

기록은 꼼꼼하게 해야 해요. 그래야 내가 가진 돈이 정확히 얼마인지, 사업이 어떻게 굴러가고 있는지 알 수 있거든요. 그리고 일정 액수 이상 돈을 벌게 되면, 세금을 내야 해요. 세금은 꼭 내야 해요! 소방서와 경찰서, 학교, 병원, 도로, 공원을 운영하는 데 드는 비용이 세금에서 나오기 때문이에요. 사회 구성원 모두가 사회에 조금씩 이바지하는 방법이죠. 몇몇 대기업은 법의 허점을 찾아 세금을 내지 않으려 해요(굳이 이름을 말하지 않아도 스스로 누군지 알겠죠!). 여러분은 그러면 안 돼요!

기업만 예산을 활용하는 건 아니에요. 우리 모두 예산이 필요하답니다! 여러분도 한번 예산을 세워 보세요. **들어오는 돈**은 주기적으로 받는 용돈이나 명절에 받는 돈이 있겠죠. **나가는 돈**으로는 '비용' 대신 쓴 돈과 저금한 돈을 나열하면 돼요. 예산을 세우면 목표를 이루는 데 도움이 된답니다. 친구나 가족에게 특별한 선물을 하기 위해 돈을 모은다든가 할 때요. 진정한 보스는 목표의 중요함을 알아요. 말 나온 김에, 목표에 관해 이야기해 볼게요.

목표 세우기(그리고 달성하기!)

여러분이 언젠가 사업을 시작하면, 매달 판매할 상품의 수량이나 고객 수 같은 목표가 생길 거예요. 아니면 한 해가 지나가기 전에 얼마만큼의 이익을 내자는 목표가 생길 수도 있겠네요. 오른쪽과 같은 그림을 그려서, 목표 달성까지 얼마나 남았는지 기록하는 방법도 있어요. 기록하세요. 그리고 목표를 깨부수세요!

목표 세우기는 아주 좋은 습관이에요. 목표를 세우는 것은 뭘 하든 도움이 돼요. 기타나 수영 연습, 독서에 얼마만큼의 시간을 투자할 것인지, 심지어는 한 주에 다른 사람을 몇 번이나 칭찬할 것인지까지 목표를 세울 수 있어요. 목표가 무엇이든 상관없다는 말이에요! 뚜렷하고 현실적인 목표이기만 하면 돼요. 목표는, 여러분이 평소보다 조금 더 용기를 내고, 조금 더 노력하도록 만들어 주는 정도가 딱 적당하답니다. 생각했던 것만큼 일이 잘 풀리지 않는다고 자기 자신을 구박하지는 마세요. 최선을 다하는 것만으로도 충분해요.

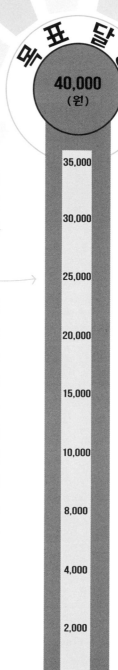

목표 달성

40,000
(원)

35,000

30,000

25,000

20,000

15,000

10,000

8,000

4,000

2,000

도전! 진정한 보스처럼 사업 계획서 만들기

위에서 상상해 본 기업의 사업 계획서를 짤막하게 써 볼까요? 제2장에서 얘기했던 것들을 떠올려 보세요. 여러분의 기업은 어떤 문제에 해결책을 제시하나요? 고객들에게 무엇을 제공할 수 있고, 경쟁 업체보다 나은 점은 무엇인가요? 상품은 어디에서 판매할 건가요? 엘리베이터 피치는 생각해 봤나요?

거기에 이번 장에서 배운 부분을 더해 볼게요. 비용은 얼마나 드나요? 상품의 가격은 얼마로 정할 건가요? 이익은 얼마나 될까요? 목표는 무엇인가요? 현실적이면서도 야심 찬 **목표**를 세우세요. 이 모든 걸 해냈나요? **축하해요!** 여러분의 **사업 계획서**가 완성되었군요!

사업 계획서를 어른에게 보여 주고, **투자**를 받을 수 있을지 확인해 보는 건 어떨까요? 투자란, 사업을 시작하고 성장시킬 수 있도록 얼마간 돈을 주는 걸 말해요. 사람들은 가진 돈을 더 불릴 목적으로 기업에 투자해요. 내가 투자한 기업이 잘 굴러가면, 원래 줬던 돈은 물론이고 더 많은 돈을 돌려받을 수도 있거든요. 자, 그럼 어디 한번 볼게요. 여러분의 사업 계획서는 얼마나 **설득력**이 있나요? 사람들이 '우아! 나도 한몫하고 싶은데!'라고 생각하게 만들 수 있나요?

돈을 좀 번 다음에는 뭘 할 건가요?

자, 여러분의 상상 속 기업이 엄청나게 잘 굴러가고 있고, 많은 이익을 냈다고 가정해 볼게요. 번 돈으로 이제 뭘 할 건가요?

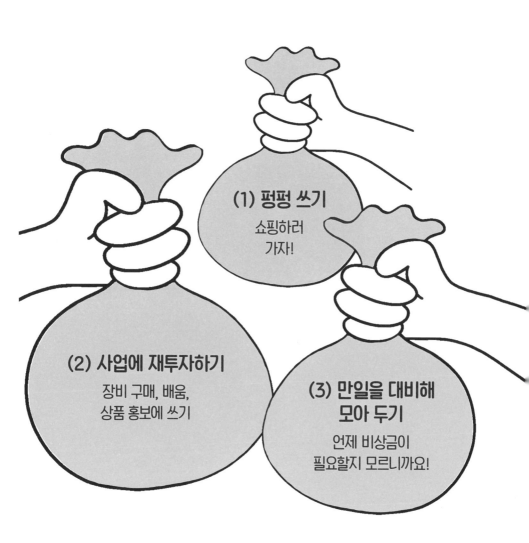

(1) 펑펑 쓰기
쇼핑하러 가자!

(2) 사업에 재투자하기
장비 구매, 배움,
상품 홍보에 쓰기

(3) 만일을 대비해
모아 두기
언제 비상금이
필요할지 모르니까요!

설사 (1)이라고 대답했더라도, (2)와 (3) 역시 어느 정도는 하기를 바라요. 사업을 계속 키우려면 (그리고 여러분의 능력을 기르려면) 번 돈을 재투자해야 해요. 그리고 훗날을 대비해 돈을 어느 정도 모아 두는 것도 잊지 말고요. 좋은 습관을 기르는 건 매우 중요해요. **가능한 한 일찍 시작하세요.**

보스처럼 생각하기

"배움을 거듭할수록 버는 돈도 많아지는 법입니다."

– 워런 버핏, '오마하의 예언자'라 불리는 억만장자 투자자

자, 어른들도 어려워하는 돈에 관한 중요한 비밀은 여기까지예요. 지금까지 기업을 주로 다루기는 했지만, 기업인이 아니더라도 돈은 현명하게 다뤄야 해요. 진정한 **보스**라면 기업을 운영하든 안 하든 돈이 생기면 일부 저축하는 습관의 중요성을 알아요. 그리고 돈을 쓸 때도 신중해야 해요. 돈이 생겼다고 신나서 펑펑 쓰면 안 돼요. 비결은 **잠시 멈춰서, 생각하고, 미리 계획하기**랍니다. 이 규칙을 따른다면, 내일의 여러분은 오늘의 여러분에게 **엄청나게** 고마워할 거예요.

좋아요. 돈에 관한 비밀은 이 정도면 됐어요. 이제 보스라면 누구나 알아야 하는 비법과 요령이 몇 가지 준비되어 있답니다. 다음 장에서 다시 만나요!

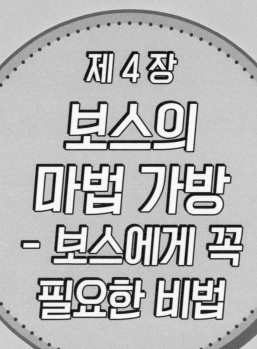

제 4 장
보스의
마법 가방
- 보스에게 꼭
필요한 비법

자, 이게 뭔지 살펴볼까요? 진정한 **보스**라면 누구나 갖춰야 하는 온갖 마법의 약과 주문이 들어 있는 가방이에요. 사업가는 물론이고, 누구나 일상생활에서 유용하게 쓸 수 있는 물건이죠. 원한다면 **여러분도** 이 가방을 손에 넣을 수 있어요. 자. 과연 안에는 뭐가 들어 있는지 살펴볼까요?

바로 이거야!

문제 해결

문제를 해결하는 마법의 약

사업가는 문제와 장애물이 등장해도 당황하지 않아요. 사업가에게 문제란 풀어야 하는 퍼즐이나 해독해야 할 암호와 같죠. 비누 회사에서 상품을 만드는 데 꼭 필요한 재료가 부족한 상황이든, 레고 우주선을 지으려고 하는데 설명서를 잃어버린 상황이든 상관없어요. 무엇이든 간에 도전 과제로 받아들이고, 해결책을 떠올려 보세요!

실패를 변신시키는 특별한 물약

사람들은 대체로 실패가 나쁘다고 생각해요. 실패한 사람은 창피함을 느껴요. 배 속이 쪼그라들고, 뺨이 달아오르죠. 여러분도 분명 이런 기분을 느껴 봤을 거예요. 하지만 꼭 그래야만 한다는 법은 없어요. 사실 실패는 훌륭한 배움과 성장의 기회랍니다.

뭔가를 시도하세요.

결과가 좋은가요? 훌륭해요. 그대로 계속하세요!
결과가 나쁜가요? 훌륭해요. 변화를 줘 보세요!

진정한 **보스**라면 그렇게 할 테니까요.

2번째 촬영!
(아니면… 음… 5,127번째 촬영…)

성공한 사업가도 실패를 해요. 제임스 다이슨 경은 그 유명한 먼지 봉투 없는 진공청소기를 고안해 내기 전에 무려 5,126개의 실패작을 만들었다고 해요. 로비오(Rovio)라는 이름의 비디오 게임 회사는 대히트작 '앵그리 버드(Angry Birds)'를 만들기까지 8년간 51개의 비디오 게임을 만들었고, 돈을 죄다 잃은 나머지 파산하기까지 했죠. 사람들은 빛나는 성공담만을 보지만, 사실

성공으로 향하는 길은

실 패 박물관

좋좋 길고 앨 팽팽 통하며 실패로 가득하답니다!

스웨덴에는 '실패 박물관'이 있어요. 전 세계의 실패 사례를 전시해서 실패의 가치를 세상에 알리는 곳이에요. 사람들은 그걸 보고 뭔가를 배울 수 있죠. 보라색 케첩부터 공기 주입형 소파, 자석 선글라스(얼굴에 자석을 붙여야 쓸 수 있는 선글라스라고 해요. 음…, 전 사양할래요.)까지 온갖 실패한 상품이 전시되어 있죠.

여러분도 작은 박물관을 만들어서 그동안 했던 실패를 모아 보면 어떨까요? 실패의 가치를 인정하고, 거기에서 뭔가를 배우는 거예요. 그리고 언젠가 목표를 달성하면 과거의 실패를 돌아보며 웃을 수 있을 거예요. **난 해냈어! 마침내 해낸 거야!** 라고요.

자, 그러면 마법 가방에 또 뭐가
있는지 살펴볼까요?

용기를 내고, 배우고, 성장하게 해 주는 주문

사업가는 호기심이 많아요. 언제나 궁금증으로 가득하죠. 그리고 글을 많이 읽어요. 사업가는 늘 새로운 것을 배우고, 새로운 기회를 찾아 나서요. 또한, 사업가는 멘토에게 도움을 청하는 것을 두려워하지 않아요. '멘토'란 코치 비슷한 사람인데, 모든 답을 알려주지는 않지만(그건 반칙이잖아요!), 여러분 스스로 답을 찾을 수 있도록 방법을 제시해 준답니다. 멘토는 또한 여러분의 가능성과 잠재력을 믿고, 여러분이 매사에 최선을 다할 수 있게 해 줘요.

여러분은 물론 이미 호기심과 궁금증이 넘치고, 글도 많이 읽는 어린이겠죠? 그렇다면 멘토는 어떤가요? 부모님, 보호자, 선생님, 아니면 학교 친구마저도 멘토 후보가 될 수 있답니다! 여러분에게 가르침을 줄 수 있는 사람, 여러분과 아이디어를 공유할 사람이면 누구든 좋아요.

보스처럼 생각하기

"진실은 언제나 바뀌어요. 지구가 둥글다는 것이 상식이 되기 이전에는 사람들이 대부분 지구가 평평하다고 생각했던 것처럼! 그래서 열린 마음과 호기심이 중요해요. '그건 원래 그런 거야.'라고 쉽게 받아들이지 말고, 언제나 의문을 제기하세요. '그건 어째서 그런 걸까? 앞으로도 계속 그래도 되는 걸까?'라고요."

– 소피 딘, 어린이 코딩 회사 '브라이트 리틀 랩스(Bright Little Labs)'의 설립자이자 그림책 『비밀 요원 아샤』의 저자

공감 물약

'공감 능력'이란, 다른 사람의 입장이 되어 그 사람의 감정을 느끼고, 그 사람의 시각으로 세상을 바라볼 수 있는 능력을 말해요. 훌륭한 기업인은 언제나 이 공감 능력을 발휘한답니다. 스마트폰 애플리케이션이나 웹사이트를 비롯한 온갖 상품을 개발하는 사람들은 많은 시간을 쏟아부어 고객의 시각으로 세상을 바라보려고 노력해요.

문제 해결

디자인 회사 아이디오(IDEO)에 속한 디자이너 집단은 때때로 다른 사람들의 삶을 직접 살아 보기도 한답니다. 손님이 되어 낯선 가게에 가 보는 식이에요. 그렇게 하면, 예를 들어 자전거를 탈 줄 모르는 사람이 자전거 가게에 갔을 때 어떤 기분일지 알 수 있지 않겠어요? 그렇게 해서 배운 것을 활용해 자전거 가게에서 쇼핑할 때 겪는 문제점을 개선하는 거예요.

다른 사람의 입장이 되어 그 사람의 시각으로 세상을 바라보는 것은 사업가에게만 필요한 능력이 아니에요. 오히려 **삶의 필수 능력**에 가깝죠. 다음과 같은 상황을 상상해 보세요. 여러분은 친구와 함께 영화를 보러 가고 싶어요. 그런데 그 친구는 속상한 일이 있어서, 고민을 들어줄 사람이 필요해요. 이런 상황에서 여러분이라면 어떻게 하겠어요? 공감 능력을 활용해 다른 사람의 기분과 필요를 이해할 수 있다면, 더 좋은 친구, 더 좋은 사람이 될 수 있답니다.

좋아요.
가방 안에 또 뭐가 있을까요?

기발한 꾀

홀륭한 사업가는 적극적이고 꾀가 많아요. 당장 가진 것이 많지 않아도, 어떻게든 목표를 달성하는 방법을 알죠. 사업가는 **적은 것**으로 **많은 것**을 해낼 수 있는 사람이에요. 몇몇 세계적 기업은 사실 주택에 딸린 차고에서 시작되었다는 이야기를 들어 본 적 있나요? 애플과 구글, 바비 인형을 만드는 회사인 마텔부터 고급 오토바이를 만드는 회사인 할리 데이비슨까지요. 심지어 나이키는 자동차 트렁크에서 시작했다고 해요. 정말 놀라운 일이죠?

여러분도 일상에서 꾀를 활용해 보세요. 식재료 몇 가지로 알뜰한 점심 도시락을 준비할 수 있나요? 최대한 돈을 적게 써서 멋진 외출을 계획하는 건요(물론 가장 좋은 건 돈을 전혀 쓰지 않는 거겠죠)?

평소보다 더 돈을 아껴 써야 할 때가 종종 있어요. 최근에 돈이 궁해서일 수도 있고, 목표를 가지고 저축하는 중일 수도 있겠네요. 그럴 때 꾀를 발휘하는 건 큰 도움이 된답니다.

☆ ☆ **집중의 망토**

망토를 두르세요. 모자도 눌러쓰고요. 자, 이제 최대한의 **집중력**을 발휘해야 해요. 훌륭한 사업가는 많은 일을 적당히 잘하기보다는, 중요한 한 가지 일을 제대로 하는 데 집중해요. 그게 바로 와츠앱(WhatsApp) 개발자인 얀 쿰의 사업 방식이었어요. 쿰은 사람들이 인터넷으로 메시지를 보낼 수 있게 하자는 단순한 아이디어에 집중했어요. 그리고 2014년, 와츠앱은 페이스북에 190억 달러라는 가격에 팔렸죠.

보스처럼 생각하기

"하나를 하되, 제대로 하세요."

– 얀 쿰, 와츠앱 공동 설립자

  # 맞아요. 집중이에요.

뭘 하고 있든, 집중을 방해하는 것을 없애고, 하나의 목적에 집중력을 온전히 쏟아붓는 거예요. 축구를 하든, 수학 문제를 풀든, 그림을 그리든, 집중한다는 것은 최선을 다함을 뜻해요. 여러분도 당연히 최선을 다하고 싶을 거라고 믿어요!

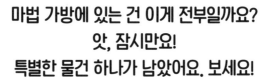

마법 가방에 있는 건 이게 전부일까요?
앗, 잠시만요!
특별한 물건 하나가 남았어요. 보세요!

휴가증

이건 딱 봐도 뭔지 알겠죠? 쉬어야 할 때, **재충전해야 할 때를 아는 능력**이에요. 진정한 보스는 언제나 가방에 휴식을 취할 여유를 넣어 가지고 다닌답니다. 억만장자가 되어 호화로운 삶을 살더라도, 일에 지쳐 쓰러지면 아무 소용이 없지 않겠어요? **삶의 균형**을 유지하는 게 중요한 이유예요. 일할 때는 최선을 다하되, **일시 정지 버튼**을 누르고 재충전할 때도 알아야 해요. 잠시라도 밖으로 나가 산책하세요. 친구와 즐거운 시간을 보내세요. 책을 읽거나, 음악을 들으세요. 춤을 추세요! 여러분의 휴식에 도움이 되는 거라면, 뭐든 좋아요. 이 휴가증은 필요할 때 언제든 꺼내 쓸 수 있는 도구랍니다.

자, 그러면 지금까지 뭘 배웠는지 정리해 볼까요? 여러분은 이제 돈에 관한 기초 지식을 얻었고, 가상의 사업 아이디어를 내는 법, 그걸 돈으로 바꾸는 법도 배웠어요. 사업은 물론이고, 일상생활에서 많은 도움이 될 중요한 기술도 얻었고요. 그렇지만 제1장에서 했던 말을 잊지 마세요. 진정한 보스는 돈이 전부가 아니라는 걸 알고, 세상에 긍정적인 영향을 남기고자 하는 사람이에요. 그러니 이제 이 부분에 관해 이야기해 볼게요. 우리의 마지막 관문은 ── **진정한 보스는 좋은 일을 해요**예요.

제 5 장
진정한
보스는 좋은
일을 해요

'대단한 보스'나 '크게 성공한 사업가'라고 하면, 어떤 사람들은 고층 빌딩 꼭대기에 있는 호화로운 사무실에서 양복을 입고 돈다발을 세는 이기적인 악당을 떠올려요. 하지만 현실의 사업가는 세상에 큰 도움이 될 수 있답니다. 어쩌면 여러분의 상상 속 기업도 언젠가 그렇게 될지 모르죠.

그럼 좋은 영향력을 발휘하고 있는 사업가 몇 명을 만나 볼까요? 어쩌면 이들의 이야기가 여러분에게도 좋은 영감을 줄 수 있을지도 모르니까요! 여러분이 실제로 기업을 설립하는 일이 없더라도, 더 나은 세상을 위해 실천할 수 있는 일이 떠오를지도 몰라요. 먼 미래가 아니라, 지금 당장 실천할 수 있는 일 말이에요!

그러니 사회적 기업
명예의 전당에
들어가 봅시다.

'사회적 기업'이란, 단순히 돈을 버는 것만을 목적으로 하지 않는 기업을 말해요. 사회적 기업은 제각기 다양한 방식으로 긍정적인 변화를 추구한답니다.

좋은 일

선물 꾸러미를 판매하는 기업 베어허그스(BearHugs)를 세운 페이 세이버리의 경우를 살펴볼게요. 페이는 만성 지병으로 투병하던 중, 선물 꾸러미를 받을 때마다 기분이 좋아진 경험에서 사업 아이디어를 얻었어요. 트레이시 라비 역시 어린이들이 일찍 돈 관리를 배워야 한다는 깨달음을 얻은 뒤 탄자니아에서 키즈 파이낸스 위드 트레이시(Kids Finance with Tracy)를 세웠어요. 트레이시가 겨우 열 살이었을 때 말이에요. 에이미 펠론과 데이비드 스티븐스는 출판계에 다양성이 부족하다고 느껴서, 직접 어린이 출판사 나이츠 오브(Knights Of)를 세웠어요. 다양한 인종적·문화적 배경을 가진 글 작가와 그림 작가가 참여해 멋진 책을 만드는 출판사랍니다.

앞에서 말한 사업가들은 모두 누군가가 **필요**로 하는 것과 **시장의 공백**을 발견했고, 아이디어를 곧바로 **실행**에 옮겼다는 공통점이 있어요. 여러분도 그렇게 할 수 있지 않을까요? 사업뿐만 아니라, 일상생활에서도요. 주변 사람에게 도움의 손길을 건넬 방법을 찾아보세요. 힘든 일을 겪은 친구나 가족에게 응원 메시지를 담은 카드를 만들어 전달하는 건 어떨까요? 여러분이 중요하다고 생각하는 사회 문제에 관해 입소문을 낼 수도 있을 거예요. 세상을 더 나은 곳으로 만들기 위해 여러분이 할 수 있는 일은 무궁무진하답니다.

누군가를 빛나게 하는 것

자키아 물라우이가 운영하는 기업 인비저블
시티스(Invisible Cities)는 노숙 경험이 있는 사람들이 직접
관광 프로그램을 만들어 가이드로 돈을 벌 수 있도록 돕는답니다. 마찬
가지로 대중문화 잡지《빅이슈 The Big Issue》는 판매원들이 잡지 판
매 수익으로 '아주 작은 사업'을 운영할 기회를 제공함으로써 가난과 싸
우죠.《빅이슈》판매원은 노숙인, 실직자 등 돈이 없어서 어려움을 겪는
사람들로 이루어져 있어요.《빅이슈》에 참여하는 것은 이들에게 큰 기
회예요. 사회가 돕지 않은 사람들에게 스스로 빛날 수 있는 도구와 기회
를 제공하는 것 ― 이런 일을 하는 기업이 멋진 이유예요.

진정한 보스는 다른 사람들에게도 보스가 될 기회를 줘요. 여러분도 고민해 보세요. 주변 사람들을 지지하고 격려할 방법이 있나요? 그 사람들이 여러분을 지지하고 이끌어 주듯, 여러분도 그들의 가능성이 빛을 발하도록 도울 방법이 있을까요?

보스처럼 생각하기

"내가 할 수 있는 일은 여러분도 할 수 있어요.
내가 할 수 있는 일은 누구나 할 수 있어요."

– 기탄잘리 라오, 과학자이자 발명가 겸 《타임TIME》지 선정
2020년 올해의 어린이

자연을 아끼기

몇몇 기업은 지구를 지키기 위해 노력한답니다. 예를 들어, 인팜
(Infarm)이라는 기업은 레스토랑, 슈퍼마켓, 심지어는 학교에 실내 '수직
농장'을 만들어 허브와 채소를 기를 수 있도록 해요. 인팜의 농장은 해
로운 화학 물질을 사용하지 않는 데다, 다른 재배법과 비교했을 때 공간
과 물의 낭비는 물론이고, 상품을 옮기느라 발생하는 탄소 배출 역시 크
게 줄이는 효과가 있어요. 대만의 아서 황과 자비스 류가 설립한 기업 미
니위즈(Miniwiz)는 어떤가요? 이곳에서는 온갖 쓰레기를 유용한 물건
으로 탈바꿈시킨답니다. 예를 들어 볼까요?

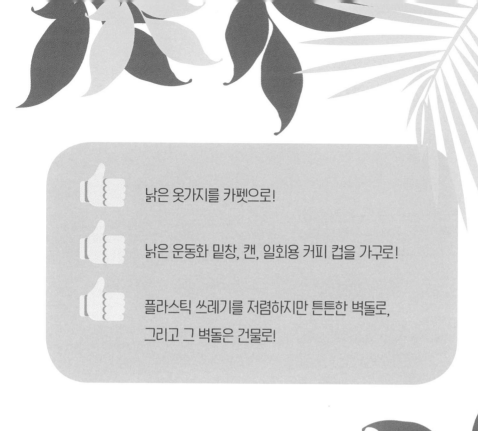

낡은 옷가지를 카펫으로!

낡은 운동화 밑창, 캔, 일회용 커피 컵을 가구로!

플라스틱 쓰레기를 저렴하지만 튼튼한 벽돌로,
그리고 그 벽돌은 건물로!

우리가 버리는 음식물 쓰레기의 산을 줄이려고
노력하는 기업 역시 빼놓을 수 없겠죠! 네덜란드의
기업 크롬코머르(Kromkommer)는 못난이 과일과
채소로 수프를 만든답니다. 흠집은 있어도 먹는 데는 아무
런 문제가 없는 과일과 채소를 발견하면, 여러분도 꼭 이
기업을 떠올렸으면 좋겠네요.

이제 여러분의 차례예요!

주위를 둘러보세요. 해결해야 하는 문제가 눈에 띄지는 않나요? 여러분이 직접 힘을 보태고 싶은 사회 문제는요? 여러분은 어떤 좋은 일을 할 수 있을까요?

우리 지구를 살리는 데 도움이 될 사업 아이디어를 떠올릴 수 있나요? 어쩌면 언젠가, 여러분도 이 책에서 만난 발명가들처럼 사람들의 삶을 바꾸거나 구하는 멋진 발명품을 만들어 낼 수 있을지도 몰라요!

부담을 느낄 필요는 없어요. 시작은 작아도 괜찮아요. 집에 굴러다니는 잡동사니로 새로운 물건을 만들어 보는 건 어때요? 남들은 내다 버릴 물건을 요리조리 궁리하여 뭔가 새로운 걸 만들어 보는 거예요! 친구들을 설득해 함께 좋은 영향력을 널리 퍼뜨리는 것도 좋을 거예요.

생각해 봐요.

여러분의 실천은

정말로

세상을,

아니면 세상의 아주 작은 한 부분을

바꿀 수 있어요.

기억하세요.

그건 정말 대단한 일이랍니다.

휴! 돈의 비밀과 진정한 보스의 마음가짐을 향해 엄청난 속도로 달려왔네요! 기분이 어때요? 세상에 도전장을 내밀 준비가 되었나요? 창의력을 마음껏 발휘해, 전설적인 사업가들의 발자취를 좇을 준비가 되었나요?

릴리 본

오마리 매퀸

그리고 바로 당신!

이 책을 읽으며 여러분은 사업의 기초와 똑똑한 돈 활용법을 익혔을 거예요. 훌륭한 아이디어로 돈을 벌면서, 동시에 세상에 이바지할 방법 이 엄청나게 많다는 사실도요! 무엇보다 진정한 **보스처럼 생각하는 방법** 을 배웠기를 바라요.

영리한 사업가에게 꼭 필요한 비법이 잔뜩 담긴 '마법 가방'을 전달받았죠? 이 가방은 일상생활에서도 매우 유용하답니다. 가방 안의 물건을 잘 활용하면, 언제 어디서든 문제를 알아채고 해결책을 찾아낼 수 있을 거예요. 머릿속에서 문제를 요리조리 굴려 해결책을 찾을 수도 있겠죠. 그 해결책이 실제로 쓸모가 있는지 시험하는 방법도 배웠고, 중요한 일을 할 때 집중하는 방법도 배웠어요. 때때로(아니면 자주!) 실패를 하는 날도 있겠지만, 거기에서 뭔가를 배우고 끊임없이 발전하면, 분명 언젠가 멋진 결과물을 낼 수 있을 거예요. 그리고 무엇보다, 여러분 힘으로 지구와 주변 사람들을 돕는 방법을 배웠으리라 믿어요. 먼 미래가 아니라, 지금 당장 말이에요.

이 도구를 어떻게 사용할지...
그건 여러분에게 달렸답니다.

여러분은 이 도구를 기부금 모금 활동 아이디어를 떠올리는 데 쓸 수 있을 거예요. 꼭 갖고 싶은 운동화나 비디오 게임을 살 돈을 벌기 위해 사용할 수도 있을 거고요. 이 책에서 배운 기술과 비밀을 활용해 이전보다 한 단계 더 높은 곳에 오를 수도 있을 거예요. 집에서든, 경기장에서든, 무대에서든, 학교에서든 상관없이 말이에요. **어쩌면 본격적인 사업가가 되는 꿈을 꾸는 사람도 있겠죠!** 여러분은 할 수 있어요. 지금 있는 자리에서 바로 시작하는 거예요. 먼 미래에 언젠가 마법처럼 보스가 되는 날을 기다리지 않아도 돼요. 여러분은 이제 언제라도 **진정한 보스**가 될 준비를 마쳤으니까요.